Парамаханса Йогананда
(1893–1952)

Как сочетать физический, умственный и духовный методы лечения

Парамаханса Йогананда

Серия «Искусство жить»

Неформальные лекции и эссе, публикуемые в серии «Искусство жить» (*"How-to-Live" Series*), впервые появились в журнале *Self-Realization*, издаваемом обществом Self-Realization Fellowship. Подобные материалы также содержатся в различных сборниках, а также аудио- и видеозаписях SRF. Серия «Искусство жить» была создана по многочисленным просьбам наших читателей, желавших иметь под рукой карманные брошюры, освещающие различные аспекты учений Парамахансы Йогананды. Данная серия публикаций передает духовные наставления Шри Йогананды и его ближайших учеников, членов монашеского ордена Self-Realization Fellowship, многие из которых долгие годы обучались у почитаемого во всем мире духовного учителя. Время от времени эта серия пополняется новыми публикациями.

Название англоязычного оригинала, издаваемого
обществом Self-Realization Fellowship, Лос-Анджелес, Калифорния:
Harmonizing Physical, Mental, & Spiritual Methods of Healing

ISBN: 978-0-87612-367-6

Перевод на русский язык: Self-Realization Fellowship

Copyright © 2024 Self-Realization Fellowship

Все права защищены. Без предварительного разрешения Self-Realization Fellowship перепечатка (за исключением кратких цитат для рецензий) и распространение книги «Как сочетать физический, умственный и духовный методы лечения» (*Harmonizing Physical, Mental, & Spiritual Methods of Healing*) в любой форме — электронной, механической или любой другой, существующей сегодня или в будущем, включая фотокопирование, звуковую запись или хранение ее в информационных и принимающих системах — является нарушением авторских прав и преследуется по закону. За справками обращайтесь по адресу: Self-Realization Fellowship, 3880 San Rafael Avenue, Los Angeles, California 90065-3219, USA

 Авторизовано Международным издательским советом Self-Realization Fellowship

Название общества Self-Realization Fellowship и его эмблема, помещенная выше, присутствуют на всех книгах, аудио- и видеозаписях, а также других публикациях SRF, удостоверяя читателя, что он имеет дело с материалами организации, которая основана Парамахансой Йоганандой и передает его учения точно и достоверно.

Первое издание на русском языке, 2025
First edition in Russian, 2025
Издание 2025 года
This printing 2025

ISBN: 978-1-68568-285-9

5066-J8898

— ✧ —

Существует Сила, способная осветить ваш путь к здоровью, счастью, покою и успеху. Вам нужно лишь обратиться лицом к этому Свету.

— Парамаханса Йогананда

— ✧ —

Как сочетать физический, умственный и духовный методы лечения

Парамаханса Йогананда

Лекция, прочитанная на четверговой вечерней службе в Главном международном центре Self-Realization Fellowship, Лос-Анджелес, Калифорния, 4 января 1940 г.

Этим вечером я хочу поговорить с вами об исцелении, так как чувствую в себе наитие. Те, кто страдает от каких-либо проблем со здоровьем, чувствуют себя так, словно боль никогда не уйдет, в то время как те, кто здоров, думают, что они в полном порядке и болезнь не придет никогда. Если вы пребываете в добром здравии, будьте благодарны за это; когда же видите, что человек попал в беду, мысленно скажите себе: «По милости Божией меня эта участь миновала». Человеческий организм — самый несовершенный, а потому и ненадежный. Но посмотрите, как он при этом долго работает! Видели ли вы хоть один автомобиль, который остается на ходу так же долго, как живет человеческий организм? Тем не менее этот чудесный организм, созданный Богом, далек от идеала.

Мы должны знать свойства человеческого организма. Подобно тому как машина нуждается в воде, бензине и электричестве, так же и человеческое тело нуждается в определенных веществах для работы. Энергией нас снабжают твердая пища, жидкости и кислород. Извлекать из них пользу позволяет *прана* — энергия жизни, электричество. Без этого жизненного электричества вы не смогли бы переваривать пищу или усваивать кислород. Тело можно сравнить с автомобильным аккумулятором: оба нуждаются во внутреннем напряжении, чтобы производить «электричество», то есть энергию. Аккумулятор, конечно, лучше, потому что, когда он садится, его можно перезаряжать из внешнего источника. Но когда «садится», то есть умирает, ваше физическое тело, вы не можете вернуть его к жизни.

Желудок — самая слабая часть механизма тела; зачастую ему «достается» больше остальных органов. Нарушение пищеварения, связанное с перееданием или неправильным питанием, является источником самых разных проблем в организме. Когда вы смотрите в зеркало по утрам, вы, как правило, думаете, что вы в полном порядке. Вы не осознаете, что в вашем организме много ядов. Тело просто кишит ими. Когда вы не знаете, как от них избавиться, и организм не может с ними справиться, возникает болезнь. Если человек придерживается традиционной американской диеты, то организм чаще всего отравляют токсины из неусвоенного белка. На Востоке в питании часто не хватает белка, а вот диета западных людей переполнена им, так как вы потребляете слишком много мяса. Неусвоенный белок может привести не только к болезни сердца и раку, но и к усиленному воздействию токсинов на слизистую оболочку носа, что сделает вас восприимчивым к простудам.

Сильная простуда отрицательно влияет на весь организм и даже препятствует нормальному мышлению. Простуда невероятно губительна для медитации, так как она не позволяет правильно выполнять техники *пранаямы*. Сатана, судя по всему, получает удовольствие, проникая в нос и горло. Те, кто остро нуждаются в голосе, например, певцы и лекторы, часто испытывают проблемы с горлом, так как они в той или иной степени беспокоятся о своем горле; благодаря их страху Сатане становится проще обустроиться в этой области[1]. Поэтому, когда у вас в носу проявляются первые признаки простуды, тут же боритесь с ними. Если этого не сделать, простуда постепенно перекинется на горло и легкие. А знаете, почему? Потому что в организме нарушается тепловой баланс[2].

Позвольте мне дать вам несколько практических советов касательно простуды. Ежедневное полоскание горла стаканом теплой соленой воды — хорошее средство для профилактики простуды, равно как и правильное питание

---

1 См. *майя* в глоссарии.

2 *Прана*, или тонкая энергия жизни, поддерживает существование тела и его здоровье. В йогических трактатах она описывается как «жизненный воздух», тонкие силы, стоящие за всеми функциями тела. Если человек ведет несбалансированную жизнь, течение этих пранических токов нарушается; это негативно сказывается на физиологических процессах, что выливается в расстройства и болезни.

и упражнения, а также солнечные ванны, которые нужно принимать каждый день от десяти до тридцати минут (в зависимости от интенсивности солнечного света и чувствительности кожи)[3]. Если же вы уже заболели простудой, ее лучше остановить, пока она не распространилась от носа к горлу и груди. Среди быстрых способов лечения лучшим является голодание[4]. Оно остановит течение болезни. Ничто не убивает простуду так же быстро, как голодание. После двадцати четырех часов голодания простуда, как правило, уходит. Но если заболевание хроническое, вам необходимо есть много овощей и фруктов, упражняться и часто гулять на свежем воздухе и солнце. Многие люди верят, что во время простуды нужно пить много воды. Это полезно, если у вас жар или скопление густой слизи. В остальных же случаях чрезмерное потребление воды может сильно повысить активность

---

[3] Солнечные ванны разумно принимать лишь ранним утром или вечером. Чтобы защитить чувствительную кожу от чрезмерного воздействия солнца, необходимо предпринять и другие меры предосторожности. Если у вас есть какие-либо вопросы о воздействии солнца на кожу, обратитесь к своему доктору или к дерматологу и следуйте его советам. — Прим. изд.

[4] Периодическое голодание на неподслащенных фруктовых соках, параллельно с употреблением натуральных послабляющих средств, оказывает заметный очищающий эффект на тело. Во время голодания при простуде лучше воздержаться от цитрусовых соков (в том числе от апельсинового), так как они ведут к образованию избыточного количества слизи, которая усугубляет течение болезни. Если вы планируете поститься более трех дней подряд, за вами должен наблюдать специалист. Люди, страдающие от хронического заболевания или проблем с каким-либо органом, могут голодать только после консультации с диетологом.

слизистой оболочки носа. Одна из самых неразумных вещей при простуде — постоянное употребление горячих напитков. Жар от этого лишь усиливается. Какое-то время жар может казаться нормальным явлением, но он расширяет клетки и негативно на них влияет. Охлажденные жидкости употреблять также нельзя.

Если у вас бронхит, окуните махровое полотенце в очень горячую воду, затем выжмите воду и разотрите полотенцем грудь. Затем вытрите область груди сухим полотенцем. Повторяйте это два-три раза в день по пять раз. После каждой процедуры держите область груди в тепле.

Существуют физические способы профилактики простуды.

Несмотря на предосторожности и предпринятые меры, простуда, как и некоторые другие заболевания, зачастую засиживается в организме, а иногда она уходит довольно быстро. Причины могут быть кармическими. Состояние организма предопределено кармой, причинно-следственным законом. Излечение от болезни во многом зависит от кармы человека — совокупности последствий его прошлых поступков, — а также от лекарства, принятого во время этой болезни. Некоторые люди думают, что если карма приговорила нас к страданиям, то мы должны сдаться и смириться с неизбежным. Этот путь ошибочен. Если вы пытаетесь помочь себе и сдаетесь, не дождавшись результатов, вы поступаете глупо, так как каждая предпринимаемая вами попытка позволит в итоге сломить нежелательную кармическую особенность. Помните: Бог помогает тому, кто помогает самому себе.

Три основных метода исцеления

Физический, умственный и духовный законы исцеления — это законы самого Господа. Они существуют не отдельно друг от друга, а как разные аспекты одного божественного принципа исцеления. Разделение, которое создали адепты каждого из методов, вызван невежеством. Каждый из этих методов при правильном применении приносит плоды. Зачем думать, будто врачи не могут лечить болезни или что исцеление невозможно с помощью силы ума? Почему нужно думать, что вера не может вернуть здоровье? Лахири Махасайя был таким великим потому, что он не был предвзятым. Он был рациональным. Он никогда не говорил о незначительности врачей, более того, среди его учеников было много врачей. Иногда Лахири Махасайя давал больному ученику травы, а иной раз говорил: «Ты в порядке»[5]. Временами он рекомендовал посетить доктора. Его решение зависело от конкретных особенностей больного человека.

Иногда я посылаю людей к врачу. Господь может работать через них. Необходимо трезво смотреть на вещи. В конце концов, кто создал все растения и химические элементы, из которых делают лекарства? Бог — единоличный

---

[5] В «Автобиографии йога» приведено множество примеров того, как Лахири Махасайя исцелял людей.

создатель всего сущего; именно через Него работают Его физические, умственные и духовные законы.

Я также знаю, как можно использовать простые травы для эффективного лечения тела. Как видите, существуют разные способы исцеления, и ссориться тем, кто предпочитает умственный или физический метод лечения, не стоит. Невероятные возможности исцеления дарует нам медицина. Конечно, ученые не могут похвастаться тем, что познали все законы исцеления, но они разработали антибиотики, вакцины и другие препараты, излечивающие и уничтожающие многие болезни. Они находятся на грани открытия луча, который сможет разрушать некоторые типы раковых клеток. Мы должны отдавать должное медицине. Доктор знает механизм человеческого тела лучше обычного человека.

С другой стороны, не полагайтесь на одни только таблетки, напротив — учитесь все больше полагаться на силу ума. Отрицать влияние материальных средств на тело глупо, но так же глупо не признавать и не развивать возможности ума. Если вы будете слишком часто полагаться на материальные методы лечения, ум вам не поможет. Важнее научиться использовать более совершенную силу ума. Но если вы не знаете, как с этим работать, лучше использовать разумные материальные методы, параллельно развивая способности своего ума.

Последователи пути Самореализации не отрицают эффективность ни одного из трех методов лечения

— физического, умственного или духовного. Мы принимаем истины, открытые медиками и психиатрами. Мы лишь говорим, что в одних случаях лучше работает медицина, в других — психиатрия. Все зависит от конкретного случая.

Духовный метод исцеления с помощью силы Бога — самый эффективный, к тому же его результат может проявиться незамедлительно. Но если ваша карма не так хороша, а вера не так сильна, духовным методам Господа понадобится время, чтобы достичь результата в вашем теле и уме. Даже если вы думаете, что духовно восприимчивы, это не обязательно приведет к какому-либо результату. Фермер может предположить, что его земля плодородна. Он посеет семена, но они не прорастут из-за того, что фермер не проверил качество почвы и не обработал ее. Недостаточно просто думать, что вы восприимчивы к лечению. Возможно, ваш подсознательный ум в этом сомневается. Только когда подсознательный, внутренний сверхсознательный и внешний сознательный умы будут убеждены в том, что целительное растение жизни прорастет, только тогда это и случится.

Все сущее — идея

По сути все сущее — идея. Ваше тело, дом, в котором вы живете, все, что вы видите, очки, которые вы носите, чтобы видеть лучше, — все это есть не что иное, как сконденсированная мысль. Представьте себе, что вы уснули и во сне гуляете в саду. Внезапно на вас бросается змея и кусает вас. Вы испытываете ужасный страх и сильную боль. Вас отводят к доктору, который дает противоядие, и со временем вы поправляетесь. Нет больше никакой боли. Итак, что случилось в царстве сна? Вы наслаждались видами прекрасного сада; вы испытывали страх и боль; вы почувствовали, как выздоравливаете после принятия противоядия, — и все это лишь плоды ваших мыслей во сне. Когда вы просыпаетесь, вы говорите: «Боже мой! На моей ноге нет укуса. У меня нет никакого противоядия. Что со мной случилось? Это был лишь сон!»

Змея, укус, боль, сад, противоядие, — во сне все казалось таким реальным. Чтобы исцелить приснившуюся боль, вам пришлось использовать приснившееся противоядие. Но какие различия между укусом, болью, противоядием и садом были во сне? Никаких. Это были лишь разные мысли. Но ваше воображение придало этим мыслям такую силу, что, когда вас укусила приснившаяся змея, вы почувствовали приснившуюся боль. И когда вы приняли приснившееся противоядие, вы почувствовали приснившееся облегчение.

Аналогично этому, вам снится ограниченный мир и физическое тело, и вам нужно признать, что все, что происходит, лишь относительно реально. Вы не можете сказать, что все это полная иллюзия, и стать неуязвимыми, пока вам снится этот космический сон. Тело существует в этом сне мироздания, и до тех пор, пока вы находитесь в вашем теле, вам придется мириться с его существованием. Вы не можете сказать, что материя нереальна. Она относительно реальна. Если бы она была полностью нереальна, человек смог бы выпить яда и ничуть не пострадать при этом. Для обычного человека яд смертельно опасен. С его стороны было бы глупо думать, что материя нереальна. Это было бы заблуждением.

Как-то раз один джентльмен на Восточном побережье рассказал мне, как некая дама хвасталась перед ним своими убеждениями о нереальности материи. «Этот огонь лишь иллюзия, — сказала она. — Он не может мне навредить». Тот не ответил ничего, но спустя какое-то время не преминул ее проверить. Он незаметно подкрался к ней и коснулся ее спины раскаленной кочергой. Женщина вскрикнула: «Ай! Зачем ты это сделал?» Он спокойно ответил: «Ну, огонь же иллюзия. Твое тело — иллюзия. Боль — это иллюзия. Как же я мог причинить тебе боль раскаленной кочергой?» Она рассердилась не на шутку. И все же он подтвердил свою точку зрения: пока ты сам пребываешь в иллюзии, ты не имеешь права возвещать, что материя нереальна.

Пока мы чувствуем боль, нам будет сложно постичь, что человеческое тело — иллюзия. Так что мы не должны быть фанатиками. Мы должны действовать умеренно и постепенно развивать силу воли и способности ума, пока не достигнем того состояния, когда на самом деле познаем, что весь этот мир — Божий сон.

Ум работает, когда вы знаете, как его контролировать

Ум — странная вещь. Когда он прав — он прав, даже если весь мир считает иначе. И когда он не прав, все силы мирские не смогут убедить его в том, что он не прав. Если вы хотите узнать, как работает ум, вы должны взять его под свой контроль. Если вы этого не сделаете, вы не осознаете ничего из того, что я вам говорю. Для этого нужно последовательно развиваться. Сила ума — не такая уж и простая вещь. Работа ума очень сложна. Понимать искусность его работы — значит осознавать его силу. Ум работает абсолютно во всем. Если вы разгадаете секрет работы ума, вы поймете, что это правда.

Однажды на моем уроке в Миннеаполисе ученица попросила меня о помощи. Она попала в аварию. На ее покалеченной руке была гематома, а большой палец торчал в сторону: она не могла его согнуть. Врачи не сумели ей помочь. Я взял и дернул ее за большой палец прямо перед огромной аудиторией. После этого она смогла им пошевелить, рука была исцелена. Преисполнившись благодарности, на следующий день она сделала внушительное пожертвование этой организации. Как видите, сила ума работает, нужно лишь верить — а вера у нее была.

Бог не хочет, чтобы психиатр конфликтовал с ученым-физиком. Оба имеют дело с Божьими законами. Тело — не что иное, как ум в действии. Между телом и умом на самом деле нет различий, за исключением степени их проявленности. Тело — плотное проявление, ум — незримое. Элементы формулы H_2O нельзя увидеть по отдельности. Конденсируясь, эти газы становятся жидкостью, водой. Если воду заморозить, она станет льдом, твердым телом. Однако незримое соединение атомов кислорода и водорода, вода, а также твердый лед в сущности своей одинаковы. И как H_2O может проявляться в виде воды и льда, так же и ум может проявляться как жизнь и тело — электрическая, или «жидкая», жизнь и «твердое» физическое тело. Ум[6] — невидимый человек, или душа; жизнь, или *прана*, — это ум в «жидком состоянии»; наконец, тело — это плотный, или «твердый», ум. Концепция проста, но постичь ее очень сложно.

Силой ума вы можете изменить жизнь своего тела, равно как и само тело. Кто, если не ваш ум, придает силы вашему телу? С помощью благотворной стимуляции тела вы можете улучшить состояние ума. С помощью стимуляции жизни вы можете улучшить состояние ума и тела. Они взаимосвязаны. Физическое состояние влияет на умственное, а умственное состояние — на физическое, потому что они взаимосвязаны. Следовательно,

---

6 В этой лекции термин «ум» используется в широком смысле — для описания сознания в человеке, то есть души, присущей ей силы разума, воли, а также ощущений. В другом же значении термин «ум» (санскр. *manas*) имеет следующий смысл: это чувственное сознание, которое, словно зеркало, принимает и отражает реакцию пяти ощущений, которая затем обрабатывается разумом, на которую реагирует чувство и отвечает воля.

вы можете воздействовать умом на тело и наоборот. В связи с этим многие люди думают, что им нужно выпить, чтобы почувствовать себя счастливым — опять же, видна взаимосвязь тела и ума. Но и тысяча бутылок вина не сможет подарить ту опьяняющую радость, которую я могу создать одним лишь умственным усилием — без каких-либо разрушительных побочных эффектов.

С помощью ума можно сделать все, что угодно; однако, пока вы полностью не разовьете эту силу, экспериментировать можно лишь на незначительных вещах. Если вы не работаете над развитием силы мысли постоянно, не стоит на нее всецело полагаться. Никогда не сомневайтесь в возможности ума воздействовать на тело, но помните, что вы должны последовательно тренировать ум до тех пор, пока не узнаете, что его сила фактически работает. Люди, которые все время принимают лекарства, становятся зависимы от медицины и врачей. А фанатики, напротив, отказываются от медицинской помощи тогда, когда она действительно нужна, тем самым нанося себе огромный вред. За непризнание Божьих законов придется понести ответственность: вам придется страдать от соответствующих последствий. Руководствуйтесь здравым смыслом.

Если вы используете простые методы лечения, например, обрабатываете йодом порез на пальце, в этом нет ничего плохого. Зачем подвергать себя риску занесения инфекции, думая, что ум все исцелит? Когда вы ломаете свой палец, может ли ваш ум выпрямить его? Здравый смысл говорит вам, что нужно позаботиться о том, чтобы кости срослись правильно. В любом из случаев главную роль в исцелении играет ум; признанные лекарственные средства лишь взаимодействуют с законами, которые способствуют целительному процессу тогда, когда сила ума еще не совершенна.

Ум может производить как отрицательные, так и положительные результаты

Ум совсем непрост: он может производить как отрицательные, так и положительные результаты. Помню, однажды у моей сестры воспалилось горло. Я никогда прежде не сталкивался с такой ужасной инфекционной болезнью. Она не могла есть, не могла глотать. Она плакала, восклицая: «Делай все, что хочешь, только, пожалуйста, помоги мне!» Я ответил: «Это твой ум сотворил в горле воспаление». Я принес еды и попросил ее поесть. Она даже не догадывалась, что я направил силу мысли к ее горлу. Но первое, что она заметила — это то, что она ест и не чувствует боли. Она была счастлива исцелению своего горла.

После того как я ушел, она встала и посмотрела на свое горло в зеркало. Когда она увидела, что там остались маленькие язвочки, ее горло вновь заболело и она завизжала.

Когда я вернулся и увидел, как ей плохо, я спросил:

— Что стряслось?

— Я посмотрела на свое горло, — ответила она.

— В Божьем свете я узрел, что твое горло в полном порядке — вот почему ты почувствовала себя хорошо. Но ты увидела там болезнь, посему и чувствуешь боль. Выпей воды.

Поскольку ее ум был восприимчив, она выпила воды и вновь поправилась. На сей раз она уже не смотрела на свое горло.

Как видите, умом можно сделать многое. При надлежащем применении умственной силы можно быстро вылечить нервные заболевания, которые появляются из-за плохих мыслей.

Был и такой случай. Жена моего близкого друга пришла повидаться со мной в Лонг-Бич. Ее глотка была парализована после аварии, и она нуждалась в моей помощи.

— Я не могу есть, — сказала она. — Из-за этого мне приходится питаться через трубку.

— А можете ли вы пить молоко? — спросил я.

— Нет. Как только я пытаюсь пить жидкость, в глотке происходит спазм и глотать не получается.

— Но это же все проделки вашего ума, — ответил я. — Вы не уйдете отсюда, пока не выпьете стакан молока.

Она улыбнулась и попросила принести ей молока.

— А теперь пейте! — сказал я повелительным тоном.

Из-за ограничивающих силу ума мыслей, взращенных в ее голове врачами и ее прошлым опытом, она была убеждена, что не может пить. Но моя мысль оказалась сильнее. В конце концов, все клетки и нервы контролируются умом. Но ее ум был настолько сильно отравлен сомнением, что она твердо верила в свою неспособность глотать. Поэтому первые попытки оказались неудачными: она была уверена, что я неправ. На это я ей ответил:

— Я серьезно, вы не покинете эту комнату, пока не опустошите стакан молока.

— Но это же невозможно, — начала было спорить она.

Но я использовал свои мысли, которые были сильнее, чтобы противодействовать ее негативным мыслям. Она попыталась вновь, и на сей раз ей удалось-таки совершить глоток. Она была исцелена.

Человек загипнотизирован иллюзией

Видите ли, мы живем в мире *майи*, иллюзии, и человек находится под постоянным ее гипнозом. Ум убеждает нас, что в мире так много ограничений. Один человек говорит: «Мне срочно надо выпить кофе», другой восклицает: «Мне очень хочется сочного стейка!» и так далее. Я четко вижу, в каком сумасшедшем мире мы живем. Но я следую правилам по собственному желанию — до тех пор, пока не говорю себе: «Долой правила! Правила задает ум». И это работает.

Когда-то жизнь и смерть были для меня более чем реальны — но не теперь. Я никогда не рождался — пусть даже в моих снах о земной жизни я рождался много раз. И я никогда не умирал — пусть даже мне снились смерти моего тела в этом вымышленном мире. В одной лишь этой инкарнации мне может присниться, что я родился могущественным королем Англии. Затем я умираю и мне снится, что я родился набожным человеком. Затем я вновь умираю и рождаюсь успешным адвокатом. В очередной раз я умираю и рождаюсь Йоганандой. Но все это сны — вот что я хочу сказать. Раньше я получал удовольствие, изучая свои прошлые инкарнации. Но я быстро потерял к этому интерес. Это ведь просто набор разных снов. Когда я осознал, что все сущее — не более чем плод мысли, что это именно Божья мысль беспрестанно образовывает все эти вещи, все эти сны, — жизнь приняла для меня новое значение. В любой момент Господь может прервать все эти сны и вернуть их в усовершенствованном виде. Но ничто не стирается из памяти Безграничного Ума; каждый сон остается здесь навсегда.

Иллюзия настолько сильна, что вам сложно поверить в иллюзорность своих потребностей и важность денег для их удовлетворения. Сложно поверить в то, что этот мир — *майя*, когда вы болеете и страдаете. Но если ваш ум будет постоянно пребывать в Боге, вы осознаете, что этот мир есть лишь Его сон.

Вот почему в Индии мы уделяем больше внимания исцелению неведения души, нежели исцелению физическому. Исцеление души от неведения, то есть снятие с нее покрова иллюзии, — это величайшее исцеление из всех, поскольку оно перманентно. И когда вы исцелите душу, вы поймете, что ваше тело — не что иное, как вымышленная оболочка, в которой находится душа.

Ваше страдание может пойти на благо другим

Несмотря на то, что святой Франциск исцелил многих людей, себя он от болезней лечить не стал, потому его тело не представляло для него ценности. Но это не означает, что его душа страдала. Он не заботился о том, чтобы бороться с кармическим состоянием своего тела, так как он с готовностью брал на себя карму других людей, дабы исцелить их и пробудить в них веру в Господа[7]. Он не приписывал свою целительную силу или известность себе. Чем больше вы будете хотеть, чтобы люди знали, какой вы замечательный, тем менее замечательным вы будете. Чем больше вы будете желать демонстрировать силы своего ума и хвастливо раздувать вокруг них ажиотаж, тем меньше сил вы будете иметь. Вы должны быть абсолютно чисты перед своей совестью и всемогущим

---

[7] Великие святые, познавшие свое единство с Духом, могут, тем не менее, проходить через серьезные телесные страдания. Происходит это вовсе не по ошибке Духа: получив одобрение свыше, они по собственному желанию отрабатывают кармические последствия порочных деяний других людей на собственном теле, дабы оказать им помощь.

Богом, а также не починяться своему эго, и тогда Он даст вам чудесные силы и переживания.

Никто не может избежать страданий. Даже Иисус страдал. Хотя ему и не пришлось бороться со страшной болезнью, он прошел через великие мучения на кресте, дабы расплатиться своим телом за грехи, то есть карму, других людей.

Врач, посвятивший себя лечению людей от болезней, не волнуется за здоровье своего тела. Например, мое тело подвергнется проблемам со здоровьем не потому, что я буду грешить, а потому что взял на себя карму многих людей. Прямо перед Рождеством я подвернул ногу и сильно повредил коленный сустав. Вдобавок к этому, вчера я наступил на камень и вывихнул ногу еще сильнее. Прошлым вечером колено болело так сильно, что я не мог ходить — меня переносили из одной комнаты в другую на стуле. Но при этом сегодня, как видите, я с вами, и боли в колене уже нет. Как так? Ответ прост: сила ума. Мой случай, однако, отличен от других. Не то чтобы я использовал силу ума, чтобы исцелить ногу. Я передал свое тело в руки Божьи, и, что бы Он с ним ни сделал, я буду рад. Пусть эта нога и тревожит меня с Рождества, когда приходит время проводить занятия, Бог снимает всю боль — я даже не прошу об этом. Ученики настаивали на том, чтобы я не приходил сюда сегодня, потому что мое колено было в плохом состоянии. Но я пожурил их за это. Страдаю я или нет — неважно, это происходит не по моей воле, но по Божьей. Сегодня, как видите, я здесь с вами. По Божьей милости я смог спуститься сюда через три лестничных пролета.

Пробудитесь в Боге, чтобы освободиться от иллюзии

В общем, в жизни нужно все больше зависеть от Бога — это правильный подход. Сила Господа не знает границ. Ключ к разгадке Его целительной силы лежит в вере в безграничность этой силы и в осознании, что ваше тело — это лишь сон и ему не нужно уделять слишком много внимания. Зачем проявлять к нему излишнюю заботу? Позаботьтесь о теле должным образом, а затем забудьте о нем. Именно это Иисус подразумевал, говоря: «Не заботьтесь для души вашей, что вам есть и что пить, ни для тела вашего, во что одеться». И всегда помните о Боге: вы должны постоянно думать о Нем, чтобы Он в свое время показал вам, что этот мир является лишь Его сном. Будьте благоразумны, не игнорируйте свое тело, а живите с мыслью, что Господь однажды сорвет покров иллюзии и вы поймете, что хрупкое тело, которое вы так боялись поранить, является лишь Его идеей и вам абсолютно нечего бояться. Так выглядит состояние совершенства. Вот почему Иисус мог сказать: «Разрушьте храм сей [то есть тело], и Я в три дня воздвигну его». Он осознавал то, о чем я сегодня говорю: все сущее состоит из мыслей.

Большинство людей карма загипнотизировала так сильно, что они не могут понять этого божественного принципа. Но подумайте, как часто вы приходили на эту землю в физическом теле, заводили и одолевали плохие привычки, проходили через радости и страдания, удовольствия и болезни, старость и смерть. Как долго вы еще будете заниматься самогипнозом? Заканчивайте с этим. Кришна говорил Арджуне, что тот должен выбраться из океана страданий[8]. Станьте одним целым с Великим Господом. Пробудитесь в Боге. Проснувшись в Нем, вы больше не будете испытывать страха.

Тело, которое когда-то казалось мне таким реальным, теперь не значит для меня ничего. Иногда мое тело неподвижно лежит в безжизненном состоянии, я созерцаю один сон в другом: сон этого неживого тела во сне этого мироздания. Но как только я заглядываю внутрь себя и вижу там Дух, сон растворяется. Это реальный жизненный опыт.

Вы можете продолжать тренировать умственные способности ради небольшого исцеления, только чтобы потом обнаружить, что за старой бедой пришла новая. Не лучше ли предпринять духовную попытку забраться на колени к Господу, откуда можно увидеть, что тело лишь сон, который не может навредить нам идеями здоровья и болезни, жизни и смерти? Только когда ваша душа будет

---

[8] «Того я скоро спасу из океана горя и смерти, чья душа крепко льнет ко Мне. Будь же верен Мне!» (Бхагавад-Гита XII:8, перевод интерпретации сэра Эдвина Арнольда).

избавлена от иллюзии, вы осознаете вымышленную природу тела; вы также обнаружите, что Господь исцелил ваше тело. Вы больше не будете страдать, если, конечно, не пойдете на жертвы ради блага других людей, как это делал Святой Франциск.

Возможно, сейчас вам сложно все это уразуметь. Но вам точно будет понятна следующая аналогия. Представьте, что два человека видят не связанные друг с другом сны о том, что они лежат в больнице. Один уже выздоровел, а другой пока еще болен. Первый думает: «О, как я теперь счастлив! Как мне хорошо!» Второй же сокрушается: «Я серьезно болен, мне так плохо». Но когда они просыпаются, то оба осознают, что не были ни больными, ни здоровыми.

В действительности болезней или плохого здоровья не существует. Неведение — вот что заставляет нас думать, что они реальны. Как только вы постигнете, что все сущее — это лишь сконденсированные мысли Господа, Божий спектакль перестанет вас тревожить. Вы избавитесь от этой иллюзии двойственности, пробудитесь от этого сна о болезни и здоровье.

Чудесное исцеление

В молодости я много раз исцелял людей, и тогда я заметил, что люди хотят лишь физического исцеления. Выздоровев, они больше никогда ко мне не приходили. Лишь немногие заинтересованы в исцелении души — а оно бессрочно. Радость существования на материальном плане приходит и уходит. Радость же духовного бытия не угасает никогда. Я поведаю вам об одном уникальном случае из моей жизни. Когда я был в Индии в 1935 году, знакомый моего друга детства рассказал мне о серьезной болезни своей жены. Он хотел, чтобы я пришел к нему домой и осмотрел ее, на что я ответил: «Пожалуйста, не просите меня об этом. Просто сделайте то, что я вам скажу, и она поправится». Он продолжал настаивать, чтобы я пришел к нему, но Бог через мою интуицию говорил мне этого не делать. Поэтому я вновь повторил: «Пожалуйста, следуйте моим инструкциям и ждите результата».

Он пошел домой и выполнил мои инструкции, и от лихорадки его жены не осталось и следа. Но на следующий день лихорадка вернулась. Произошло это в три часа дня. И каждый последующий день она возобновлялась примерно в одно и то же время — в три часа дня. Однажды тот господин подошел ко мне и сказал:

— Пожалуйста, сделайте что-нибудь.

— Лишь Бог сможет ее вылечить, — ответил я. Но он продолжал настаивать:

— Стоит вам прийти лишь раз, и она поправится.

Я решил уступить. Но когда я пришел к ним домой, женщину охватил неистовый жар.

Двумя днями позже, когда я собирался уезжать по делам, ее муж прибежал ко мне со слезами на глазах, крича: «Моя жена умирает!» Я спокойно сел в машину и погрузился в глубокую молитву. Сразу же по окончании молитвы я ощутил, что на нее последует ответ. Я зашел к нему домой. Там было порядка двадцати пяти человек. Женщина лежала в кровати, словно мертвая. Ее муж плакал и пытался трясти ее, думая, что это поможет вернуть ее к жизни. Меня разозлило то, что он не полагался на Бога.

Жаль, что вас там не было: вы бы поистине уверовали в силу Бога. Я положил свою руку на ее лоб. Затем я слегка коснулся ее груди. Со стороны казалось, что в ее теле отсутствовала жизнь. Но через некоторое время — пока я держал руку у нее на груди — ее ступня вздрогнула, а затем начало дрожать и все ее тело. Ее язык, который до этого свисал у нее изо рта, вернулся на свое место, и она открыла глаза. Она слегка шевельнулась и посмотрела на меня с робкой улыбкой. Это была одна из самых чудных вещей, что я видел в своей жизни. Бог исцелил ее Своей силой, и ее жар больше никогда не возвращался.

Я рассказал вам об этом, только чтобы вы узнали о величии Бога. Зная Бога, вы не приписываете Его величие себе. Ее муж слышал, что я обладаю способностью исцелять людей, но я пытался убедить его положиться на безграничные силы Бога. Для исцеления от болезни нужна вера. Без ума и веры исцеление невозможно. Когда он увидел, что жене не становится лучше, его вера пошатнулась. Я был удовлетворен, потому как хотел, чтобы он верил не в мои силы, а в силу Бога. Когда он увидел это чудесное исцеление, которое произошло благодаря

Божьему благословению, он уверовал в силу Господа и понял, что Бог таким образом испытывал его веру.

Укрепляйте силу своего ума

Осознали ли вы всё, что я вам сегодня рассказал? Что жизнь и смерть суть сны? Какой же из всего этого можно сделать вывод? Укрепляйте свои умственные силы. Я хочу, чтобы сила вашего ума была настолько крепка, чтобы вы при любых обстоятельствах оставались непоколебимы и боролись с трудностями с высоко поднятой головой. Если вы любите Бога, в вас должна пребывать вера и вы должны быть готовы вынести любые невзгоды. Не бойтесь страдать. Оставайтесь позитивным и внутренне сильным. Ваши внутренние переживания наиболее важны.

Путь Самореализации предполагает, что для простой заботы о теле можно использовать все здравые методы. Исход самолечения зависит от хорошей кармы, правильного питания, принятия солнечных ванн и выполнения упражнений, а также неугасающей убежденности, что безграничная целительная сила Бога лежит в вашем уме. Последовательно укрепляйте свой ум, чтобы вы могли все больше зависеть от его силы, и с каждым днем вам будет становиться все лучше. Думайте только о позитивных вещах, даже если обстоятельства совсем к этому не располагают. В тяжелые времена оставайтесь невозмутимы. Меньше потакайте прихотям своего тела, отдавая себе отчет в том, что вы не тело, но душа. Научитесь голодать — от одного до трех дней. Когда вам кажется, что вы не должны есть — не ешьте. Все это укрепляет силу ума. И самое главное: каждый день погружайтесь в глубокую медитацию. Посредством контакта с Богом вы сможете наяву осознать то, о чем я сегодня сказал: что иллюзию можно выдворить из своей души.

Если вы будете жить с Богом, вы будете исцелены от иллюзий жизни и смерти, здоровья и болезней. Пребывайте в Господе. Чувствуйте Его любовь. Ничего не бойтесь. Только в замке Божьем мы можем найти защиту. Нет более безопасного убежища, полного радости, чем Его присутствие. Ничто не может ранить вас, когда вы с Ним.

О Парамахансе Йогананде
(1893–1952)

«В жизни Парамахансы Йогананды в полной мере проявился идеал любви к Богу и служения человечеству... Хотя большую часть своей жизни Йогананда провел за пределами Индии, он тем не менее занимает особое место среди наших великих святых. Его работа продолжает приносить свои плоды и сияет все ярче, привлекая людей всего мира на путь духовного паломничества».

— из сообщения индийского правительства, посвященного выпуску памятной марки в честь Парамахансы Йогананды

Парамаханса Йогананда родился в Индии 5 января 1893 года. Он посвятил свою жизнь служению людям всех рас и вероисповеданий, помогая им осознать и полнее выразить в своей жизни истинную красоту, благородство и божественность человеческого духа.

По окончании Калькуттского университета в 1915 году Парамаханса Йогананда принял обет монаха древнего индийского монашеского ордена Свами. Двумя годами позже он приступил к главному труду своей жизни — духовному наставничеству, основав йогическую школу («how-to-live» school). Сегодня во всей Индии уже насчитывается двадцать одно учебное заведение такого рода, где традиционные школьные предметы сочетаются с практикой йоги и воспитанием духовных идеалов. В 1920 году его пригласили на Международный конгресс религиозных либералов в Бостоне в качестве представителя от Индии. Его выступление на конгрессе и последовавшие за ним лекции в городах Восточного побережья

США были приняты с огромным энтузиазмом, и в 1924 году он отправился в трансконтинентальное лекционное турне.

На протяжении трех последующих десятилетий Парамаханса Йогананда вносил неоценимый вклад в распространение на Западе теоретических и практических знаний о духовной мудрости Востока. В 1920 году он основал религиозную организацию, объединяющую людей разных конфессий, — общество Self-Realization Fellowship — и разместил ее главный международный центр в Лос-Анджелесе. Написав множество трудов, совершив ряд больших лекционных турне и основав многочисленные храмы и медитационные центры SRF, он сумел познакомить тысячи искателей истины с древней философией йоги и ее универсальными методами медитации.

В наши дни его духовная и гуманитарная работа продолжается под руководством брата Чидананды, президента Self-Realization Fellowship/Yogoda Satsanga Society of India. Помимо издания письменных трудов Парамахансы Йогананды, его лекций, неформальных бесед и всеобъемлющей серии *Уроков Self-Realization Fellowship*, общество курирует работу храмов, ретритов, медитационных центров и монашеских общин Self-Realization Fellowship, а также Всемирного круга молитвы.

Освещая в своей статье жизнь и труд Парамахансы Йогананды, доктор наук и профессор кафедры древних языков в колледже Скриппс Куинси Хау-младший написал о нем следующее: «Парамаханса Йогананда принес из Индии не только вечную надежду на постижение Бога, но и практический метод, при помощи которого духовные искатели разных толков могут быстро продвигаться к этой цели. Духовное наследие Индии, первоначально признанное на Западе лишь на уровне чего-то возвышенного и абстрактного, стало доступным в наше время в виде практического опыта для всех тех, кто стремится познать Бога — не по ту сторону, а здесь и сейчас… Самый возвышенный метод созерцания Йогананда сделал доступным для всех».

Глоссарий

Аватар (avatar). От санскр. *avatara* («нисхождение»); тот, кто обретает единство с Духом, а затем возвращается на землю, чтобы помогать человечеству.

Астральный мир (astral world). Тонкая сфера света и энергии, лежащая в основе физического мира. Каждое существо, каждый предмет, каждая вибрация в физическом мире имеет своего астрального двойника, поскольку астральный мир («небеса») содержит в себе энергетическую копию физического мира. Более подробное описание астрального и еще более тонкого каузального (идеального) мира можно найти в 43-й главе книги Парамахансы Йогананды «Автобиография йога».

Аум (Ом) (Aum, Om). Санскритское корневое слово-звук, символизирующее тот аспект Всевышнего, который творит все сущее и поддерживает в нем жизнь; основа всех звуков; Космическая Вибрация. У тибетцев ведический *Аум* стал священным словом *Хам*; у мусульман — *Амин (Аминь)*; у египтян, греков, римлян, иудеев и христиан — *Аминь*. Мировые религии утверждают, что все сотворенное рождается в космической вибрационной энергии *Аум* (Аминь, Слово, Святой Дух). «В начале было Слово, и Слово было у Бога, и Слово было Бог... Все чрез Него начало быть, и без Него ничто не начало быть, что начало быть» (Ин. 1:1, 3).

Ашрам (ashram). Духовная обитель, часто — монастырь.

Бхагавад-Гита (Bhagavad Gita). «Песнь Господня»; древнее священное писание Индии, часть эпического сказания «Махабхарата». Представленная в форме диалога между *аватаром* Господом Кришной и его учеником Арджуной накануне исторической битвы на Курукшетре, Бхагавад-Гита является глубоким трактатом о йоге — науке единения с Богом — и вечным рецептом счастья и успеха в повседневной жизни.

Бхагаван Кришна (Господь Кришна). *Аватар*, живший в Древней Индии за много веков до рождения Иисуса Христа. Его учение о Йоге представлено в священной Бхагавад-Гите. В индуистских писаниях слово «Кришна» имеет несколько значений, одно из которых — «Всеведущий Дух». Поэтому «Кришна», как и «Христос», — это духовный титул, обозначающий божественное величие *аватара*, его единство с Богом.

Гуру (Guru). Духовный учитель. *Гуру-гита* (стих 17) точно описывает гуру как «того, кто рассеивает тьму» (от *гу* — «тьма» и *ру* — «тот, кто рассеивает»). Зачастую так называют любого учителя или инструктора, что само по себе ошибочно. Истинный, просветленный гуру — это тот, кто обрел власть над самим собой и осознал свое тождество с вездесущим Духом. Только такой гуру обладает надлежащей духовной квалификацией для того, чтобы направлять богоискателя в его внутреннем духовном поиске.

Ближайшим эквивалентом термина *гуру* на английском языке выступает слово «Мастер». Именно его зачастую используют ученики при уважительном обращении к Парамахансе Йогананде или его упоминании.

Духовное око (spiritual eye). Единое око интуиции и вездесущего восприятия в центре Христа (*Кутастха*), расположенном в межбровье; врата в наивысшие состояния сознания. В глубокой медитации духовное, или «чистое», око можно узреть в виде сияющего золотого кольца, обрамляющего темно-синюю сферу, внутри которой горит яркая звезда. Этот всеведущий глаз упоминается в священных писаниях как «третий глаз», «звезда Востока», «внутренний глаз», «голубь, сходящий с небес», «глаз Шивы» и «глаз интуиции».

Иисус также говорил о духовном оке: «Светильник для тела есть око. Итак, если око твое будет чисто, то и все тело твое будет светло...» (Мф. 6:22).

Йога (от санскр. *yuj* — «единение») — единение индивидуальной души с Духом, а также методы, с помощью которых достигается это единение. Существуют различные методы йоги; Парамаханса Йогананда обучал *Раджа-йоге* — «царственной», или «совершенной», йоге, которая делает акцент на практике научных техник медитации. Мудрец Патанджали, выдающийся толкователь йоги, выделил восемь ступеней, ведущих практикующего *Раджа-йогу* к *самадхи* (единению с Богом), а именно: (1) *яма*, нравственное поведение; (2) *нияма*, соблюдение религиозных предписаний; (3) *асана*, правильная поза для достижения неподвижности тела; (4) *пранаяма*, контроль над *праной*, тонкими жизненными токами; (5) *пратьяхара*, самоуглубление; (6) *дхарана*, концентрация; (7) *дхьяна*, медитация; (8) *самадхи*, состояние сверхсознания.

Карма (karma). Последствия действий, свершенных в этой или в прошлых жизнях. Кармический закон есть закон действия и противодействия, причины и следствия, сеяния и пожинания. Каждый человек сам формирует свою судьбу своими мыслями и действиями. Та энергия, которую он сам — благоразумно или же по собственному неведению — приводит в действие, должна вернуться к нему как к своей исходной точке, подобно тому, как круг неизбежно замыкает самого себя. Понимание кармы как закона справедливости помогает освободить человеческий разум от обид на Бога и человека. Карма неотделима от человека и следует за ним от инкарнации к инкарнации — до тех пор, пока она не будет отработана или преодолена духовно. (См. *реинкарнация*.)

Космическое Сознание (Cosmic Consciousness). Абсолют; Дух за пределами мироздания. Этот термин также обозначает достигаемое в медитации состояние *самадхи* — единение с Богом как внутри вибрационного мироздания, так и за его пределами.

Крийя-йога (Kriya Yoga). Священная духовная наука, зародившаяся в Индии несколько тысячелетий назад. Будучи формой *Раджа-йоги*, она включает в себя продвинутые техники медитации, которые ведут к прямому контакту с Богом. Подробное описание *Крийя-йоги* дается в 26-й главе «Автобиографии йога», а получить саму технику могут ученики SRF, подписавшиеся на *Уроки Self-Realization Fellowship Lessons* и выполнившие определенные духовные требования.

Кришна (Krishna). См. *Бхагаван Кришна*.

Майя (maya). Заложенная в структуре мироздания космическая иллюзия, из-за которой Единое Целое представляется множеством. *Майя* — это принцип относительности, контрастности, двойственности, противоположности; это Сатана (ивр. — «противник») в Ветхом Завете. Шри Йогананда писал: «На санскрите слово *майя* буквально означает „измеритель"... *Майя* — это магическая сила в мироздании, из-за которой в Неизмеримом и Нераздельном возникает видимость ограничений и деления... Единственная функция Сатаны (то есть *майи*) в божественном замысле-игре (*лиле*) состоит в том, чтобы отвлекать человека от Духа к материи, от Реальности к ирреальному... *Майя* — это покров преходящих состояний в Природе, бесконечного рождения новых форм; это покров, который каждый человек должен отбросить, чтобы увидеть за ним Творца, неизменяемое Неизменное, вечную Реальность».

Парамаханса (Paramahansa). Титул духовного мастера, достигшего высшего состояния неразрывного единения с Богом. Только истинный гуру может присвоить этот титул своему достойному ученику. Свами Шри Юктешвар присвоил этот титул Парамахансе Йогананде в 1935 году.

Сатана (Satan). См. *майя*.

Самадхи (Samadhi). Духовный экстаз; опыт сверхсознания; в высшем смысле — единение с Богом как с высшей Реальностью, пронизывающей все сущее.

Самореализация (Self-realization). Парамаханса Йогананда дал следующее определение Самореализации как осознания своего истинного «Я»: «Самореализация — это знание телом, умом и душой, что мы едины с вездесущностью Бога и нам не нужно молиться о ней; что она не просто рядом с нами в каждый миг нашей жизни, но что вездесущность Бога — это наша собственная вездесущность и мы сейчас — такая же часть Бога, какой будем всегда. Нам нужно лишь усовершенствовать это знание».

Реинкарнация (Reincarnation). Теория реинкарнации подробно рассматривается в 43-й главе «Автобиографии йога» Парамахансы Йогананды. Там объясняется, что, согласно закону *кармы*, прошлые действия людей порождают определенные последствия, которые притягивают их обратно в материальный мир. Они возвращаются на землю жизнь за жизнью, чтобы проходить через переживания, являющие собой результат этих действий, и продолжать процесс духовной эволюции, чтобы в итоге постичь совершенство души и обрести единение с Богом.

Христово Сознание (Christ Consciousness). «Христос», или «Христово Сознание», суть спроецированное сознание Бога, имманентно присутствующее во всем мироздании. Оно же Единородный Сын в Библии, единственно чистое отражение Бога Отца во всем сущем. В индуистских священных писаниях оно называется *Кутастха Чайтанья*, а также *Тат* (космический разум Духа, пронизывающий все мироздание). Это то универсальное, единое с Богом Сознание, которое было проявлено в Иисусе, Кришне и других *аватарах*. Святые и йоги знают его как состояние *самадхи*, в котором сознание отождествляется с разумом каждой частицы мироздания; они ощущают Вселенную как свое собственное тело. См. *Троица*.

Я (Self). С заглавной буквы — *атман* (душа, божественная суть человека), со строчной — малое «я», то есть человеческая личность, эго. Высшее «Я» есть индивидуализированный Дух, чья истинная природа — вечно сущее, вечно сознательное, всегда новое Блаженство.

Книги
Парамахансы Йогананды
на русском языке

Издательство Self-Realization Fellowship

«Автобиография йога»

«Вечный поиск»

«Божественный роман»

«Путь к Самореализации»

«Закон успеха»

«Как говорить с Богом»

«Метафизические медитации»

«Научные целительные аффирмации»

«Религия как наука»

«Высказывания Парамахансы Йогананды»

«Внутренний покой»

«Там, где свет»

«Почему Бог допускает зло»

«Быть победителем в жизни»

«Жить бесстрашно»

В издательстве «София» (www.sophia.ru) можно приобрести следующие книги:

«Автобиография йога»

«Бхагавадгита: Беседы Бога с Арджуной»

Другие издания Self-Realization Fellowship на русском языке

«Только любовь»
Шри Дайя Мата

«Как найти радость внутри себя»
Шри Дайя Мата

«Отношения между гуру и учеником»
Шри Мриналини Мата

«Проявление Божественного сознания в повседневной жизни»
Шри Мриналини Мата

Книги
Парамахансы Йогананды
на английском языке

Доступны напрямую у издателя:
Self-Realization Fellowship
3880 San Rafael Avenue • Los Angeles, California 90065-3219
Тел. +1 (323) 225-2471 • *Факс* +1 (323) 225-5088
www.srfbooks.org

Autobiography of a Yogi

Autobiography of a Yogi
(Аудиокнига, читает Сэр Бэн Кингсли)

The Second Coming of Christ:
The Resurrection of the Christ Within You
Комментарий-откровение изначального учения Христа

God Talks with Arjuna: The Bhagavad Gita
Новый перевод и комментарии

Man's Eternal Quest
Первый том собрания лекций, эссе и неформальных бесед
Парамахансы Йогананды

The Divine Romance
Второй том собрания лекций, эссе и неформальных бесед
Парамахансы Йогананды

Journey to Self-Realization
Третий том собрания лекций, эссе и неформальных бесед
Парамахансы Йогананды

Wine of the Mystic:
The Rubaiyat of Omar Khayyam — A Spiritual Interpretation
Вдохновенный комментарий, проливающий свет на мистическую науку общения с Богом, на которую указывают таинственные образы «Рубайята»

Where There Is Light:
Insight and Inspiration for Meeting Life's Challenges

Whispers from Eternity
Собрание вдохновенных молитв Парамахансы Йогананды и его запечатленных переживаний во время общения с Богом в высших стадиях медитации

The Science of Religion

The Yoga of the Bhagavad Gita:
An Introduction to India's Universal Science of God-Realization

The Yoga of Jesus:
Understanding the Hidden Teachings of the Gospels

In the Sanctuary of the Soul:
A Guide to Effective Prayer

Inner Peace:
How to Be Calmly Active and Actively Calm

To Be Victorious in Life

Why God Permits Evil and How to Rise Above It

Living Fearlessly:
Bringing Out Your Inner Soul Strength

How You Can Talk With God

Metaphysical Meditations
Более трехсот вдохновенных медитаций и одухотворенных молитв и аффирмаций Парамахансы Йогананды

Scientific Healing Affirmations
Парамаханса Йогананда дает здесь глубокое объяснение принципу действия целительных аффирмаций

Sayings of Paramahansa Yogananda
Короткие истории, в которых запечатлены искренние, пронизанные любовью советы и наставления Парамахансы Йогананды всем тем, кто обращался к нему за духовным руководством

Songs of the Soul
Мистическая поэзия Парамахансы Йогананды

The Law of Success
В этой книге Парамаханса Йогананда объясняет динамические принципы достижения целей

Cosmic Chants
Слова и музыка к шестидесяти духовным песням на английском языке; также прилагается вводная статья о том, как духовное пение способствует общению с Богом

DVD (документальный фильм)

Awake:
The Life of Yogananda
Отмеченный наградами документальный фильм о жизни и работе Парамахансы Йогананды

Другие брошюры серии «Искусство жить»

Парамаханса Йогананда
Answered Prayers

Focusing the Power of Attention for Success

Harmonizing Physical, Mental, and Spiritual Methods of Healing

Healing by God's Unlimited Power

How to Cultivate Divine Love

How to Find a Way to Victory

Remolding Your Life

Where Are Our Departed Loved Ones?

World Crisis

Шри Дайя Мата
How to Change Others

Overcoming Character Liabilities

The Skilled Profession of Child-Rearing

Шри Мриналини Мата
The Guru-Disciple Relationship

Брат Анандамой
Closing the Generation Gap

Spiritual Marriage

Брат Бхактананда
Applying the Power of Positive Thinking

Брат Премамой
Bringing Out the Best in Our Relationships With Others

Парамаханса Йогананда
«Автобиография йога»

Эта знаменитая автобиография представляет собой блестящий портрет одного из величайших духовных деятелей нашего времени. Подкупая своей искренностью и неподражаемым чувством юмора, Парамаханса Йогананда ярко описывает вдохновляющие события своей жизни: неординарные переживания детства; встречи с мудрецами и святыми в пору юношества, когда он ездил по Индии в поисках просветленного учителя; десять лет духовного обучения в ашраме под руководством глубоко почитаемого мастера йоги и тридцать лет духовного наставничества в Америке. Он также запечатлел свои встречи с Махатмой Ганди, Рабиндранатом Тагором, Лютером Бербанком, католической стигматисткой Терезой Нойман и другими знаменитыми духовными личностями Востока и Запада.

«Автобиография йога» представляет собой одновременно увлекательнейший рассказ о совершенно необыкновенной жизни и основательное введение в древнюю науку йоги с ее освященной веками традицией медитации. Автор четко объясняет тонкие, но неизменно действующие законы, стоящие как за обыкновенными событиями повседневной жизни, так и за необыкновенными, которые принято называть чудесами. Захватывающее повествование об удивительной жизни перетекает в проникновенный и незабываемый экскурс в глубочайшие тайны человеческого бытия.

«Автобиография йога», уже ставшая современной классикой, переведена более чем на пятьдесят языков и широко используется в колледжах и университетах в качестве авторитетного справочника. Неизменный бестселлер со дня своего появления в печати более семидесяти лет назад, она нашла свой путь к сердцам миллионов читателей во всем мире.

«Исключительно ценная работа»

— The New York Times

«Очаровательное, снабженное исчерпывающими комментариями исследование»

— Newsweek

«Ни на английском, ни на каком-либо другом европейском языке йога еще не была представлена подобным образом»

— Columbia University Press

Уроки
Self-Realization Fellowship

Личные наставления и инструкции Парамахансы Йогананды по техникам йогической медитации и принципам духовной жизни

Если вы чувствуете тягу к познанию духовных истин, описанных в брошюре «Как сочетать физический, умственный и духовный методы лечения», мы предлагаем вам подписаться на *Уроки Self-Realization Fellowship* (*Self-Realization Fellowship Lessons*).

Парамаханса Йогананда разработал эту серию уроков для домашнего обучения с той целью, чтобы искренние искатели имели возможность самостоятельно изучать и практиковать древние йогические техники медитации, которые он представил Западу, — включая науку *Крийя-йоги*. *Уроки SRF* содержат, помимо прочего, практическое руководство по обретению сбалансированного физического, психологического и духовного благополучия.

Уроки Self-Realization Fellowship распространяются за символическую плату, чтобы покрыть расходы по печати и отправке материалов по почте. Все обучающиеся могут рассчитывать на бесплатную консультацию по практическим аспектам уроков со стороны монахов и монахинь общества Self-Realization Fellowship.

Если вы желаете знать больше...

Пожалуйста, посетите веб-сайт www.srflessons.org, чтобы запросить брошюру с исчерпывающей информацией по *Урокам SRF*.

www.ingramcontent.com/pod-product-compliance
Lightning Source LLC
Chambersburg PA
CBHW031434040426
42444CB00006B/798